Reichel
Verlag

AF561472

Das Buch

Ein Hauptbestandteil der hawaiianischen Huna Lehre sind die 7 Prinzipien, über die man Zugang zu sich selbst und der Wahrheit seines Herzens finden kann. Das Buch enthält zu diesen Prinzipien abgestimmte positive Affirmationen, mit welchen man das Unterbewusstsein neu programmieren kann. Durch die veränderte Denkweise der hawaiianischen Prinzipien in Kombination mit den Affirmationen können wir unser Leben selbst in die Hand nehmen.

Die Autorin

Irmengard Hausperger, Jahrgang 1979, ist Trainerin und Coach für den Aloha-Spirit. Sie beschäftigt sich seit 1999 mit Mentaltechniken und Bewusstseinsarbeit und ist seit 2007 in eigener Praxis mit Schwerpunkt Energiearbeit, basierend auf dem Aloha-Bewusstsein, und Energiecoaching tätig.
2004 führte sie ihr Weg „zufällig" nach Hawaii, ihrer Herzensheimat. Seither begleitet der Aloha-Spirit ihr Leben und macht es immer leichter und freier.

Irmengard Hausperger

Mit Huna und Aloha frei und lichtvoll

Affirmationen zu den

7 Hawaiianischen Prinzipien

93053 Regensburg
E-Mail: info@reichel-verlag.de
www.reichel-verlag.de

Umschlaggestaltung: Christian Wolf

Dieses Buch soll keinen medizinischen Rat ersetzen. Es dient der Information und Selbsterfahrung. Bei Erkrankung oder im Zweifel holen Sie sich bitte Rat bei einer qualifizierten Fachperson. Die Autorin gibt keine medizinischen Empfehlungen und verordnet weder direkt noch indirekt den Einsatz irgendeiner Methode im Sinne einer medizinischen Behandlung. Anwendungen aus diesem Buch entsprechen einer Selbstbehandlung, welche Ihr freies Recht ist. Autorin und Verlag übernehmen für etwaige Folgen keine Haftung.

ISBN 978-3-946959-26-7

Dank

In tiefer Wertschätzung und Liebe danke ich von ganzem Herzen meinen drei wundervollen Herzensmännern Stephan, Raphael und Samuel dafür, dass sie mich voller Liebe so nehmen, wie ich bin – in allen Lebenslagen.

Der göttlichen und universellen Quelle in unendlicher Dankbarkeit, dass sie mich stets gehalten und getragen hat, in dem Wissen, dass sie es auch weiterhin tun wird.

Allen, die an mich glauben und mich bis hierher so selbstlos unterstützt haben, auch bei der Entstehung dieses Buches, das vielmehr ein Schatz ist.

Besonderen Dank möchte ich an dieser Stelle Dr. Serge Kahili King und Suzan Wiegel (die leider schon von uns gegangen ist) aussprechen, welche mich gerade durch ihr authentisches Auftreten am meisten inspirierten. Siehe www.aloha-goddess.de.

Inhalt

Einleitung

Affirmationen – was mache ich damit?

Affirmationen oder Glaubenssätze helfen uns, regelmäßig angewendet, unser Denkmuster, das wir uns seit unserer frühen Kindheit einprogrammiert haben, zu verändern. Programmiert wurden wir durch Eltern, Erzieher, Geschwister, Lehrer, Vorgesetzte, allen Menschen aus unserem Umfeld, die mehr oder weniger mit uns zu tun hatten.

Ich möchte, dass du beim Aufsagen der im Buch aufgeführten Affirmationen dein ganzes Gefühl mit hineinbringst.

Was spürst du, wenn du einen Satz zu dir selbst sagst?

Du kannst dabei in den Spiegel schauen und dir den Affirmationssatz selbst zu deinem

Abbild sagen. Oder schließe deine Augen und richte deine Aufmerksamkeit auf dein Herz.

Lege dabei deine Hände auf dein Herz und fühle wieder. Du kannst auch Vergebungsarbeit mit einbauen und im Fühlen zu dir sagen: „Ich vergebe mir in Liebe und Dankbarkeit." Spüre nach und fühle, wie sich der Bezug zu diesem Satz für dich verändert.

Nimm dir für jeden Tag höchstens drei oder vier Sätze vor, vielleicht sogar noch weniger. Aber spüre diese Sätze dann immer wieder und umso intensiver. Wenn du das regelmäßig jeden Tag über mehrere Wochen machst, ja vielleicht sogar über Monate oder generell in dein Leben integrierst, wirst du bemerken, wie positiv du plötzlich gegenüber allem und jedem geworden bist. Und genau deshalb ist dieses Buch auch so klein und fein – für jeden Tag, jede Minute, jede Sekunde deines Lebens.

Ich schreibe deshalb dieses Buch, weil ich selbst mit der Kraft und Anwendung von Affirmationen mein Leben absolut bereichern konnte.

Und genau während ich diese Zeilen schreibe, bringt mich mein wunderbarer Partner gerade zur Weißglut! ... Ich bin gerade im Schreibe-Flow und er stört mich und redet die ganze Zeit. Ein Test? Diese Unruhe, die in mir hochsteigt! Kennst du das Gefühl nicht auch? Es wird warm, heiß, es steigt bis zur Brust und über den Hals. Meistens reagieren wir dann und fangen an, wütend zu werden oder unsere Meinung zu äußern. Doch ... nicht mit mir. Ich bin gerade so im Flow. Ich möchte jetzt nicht gestört werden. Ich schreibe ja gerade für DICH. Ich atme, ich atme weiter ... weiter ... weiter – und es ist weg. Er ist weg, nach draußen gegangen. Raus aus dem Zimmer. Wie genial!

Nutze diese geniale Methode und atme erst einmal. Gehe dabei mit deinem Gefühl in deinen Brustkorb. Öffne dein Herz und lass dein Herzenslicht aus deinem Brustkorb treten. Reagiere öfter einmal ganz bewusst NICHT.

Du wirst bemerken, wie sich irgendetwas in deinem Leben verändert oder bereits verändert hat. Lass es mich gerne wissen und sende mir gerne Feedback darüber. Mit den positiven Sätzen zu den sieben hawaiianischen Prinzipien programmierst du dein Unterbewusstsein in eine neue Richtung. Eine Richtung zu mehr Harmonie, Freude und Glückseligkeit. Zu einem Leben in Liebe vor allem zu dir selbst. Nur, wenn wir mit uns selbst im Einklang sind, können wir die Dinge – wie sie sich im Außen präsentieren – akzeptieren und ihre positive Art und Weise erkennen.

Und wenn wir es manchmal auch nicht glauben: In jedem Menschen, jedem Ereignis, in allem, was sich uns im Leben präsentiert, steckt etwas Gutes. Erkennst du das Gute darin, erkennst du auch das Gute in dir. Wir sind ein Spiegelbild unserer Mitmenschen.

Ich wünsche dir mit diesen Affirmationen, noch mehr den Zugang zu dir selbst zu finden. Mögest du dich durch die regelmäßige Anwendung neu programmieren. Für ein Leben im Aloha-Bewusstsein.

Mein Weg zum Aloha-Spirit

Ach, was war ich auf der Suche! Als Kind introvertiert und traurig, stets träumend von dem glücklichen Leben und dass aus Aschenputtel vielleicht doch einmal eine kleine Prinzessin wird.

Nachdem ich seit meinem 13. Lebensjahr an Migräne litt und mit 17 meine erste Depression hinter mir hatte, habe ich mich mit 20 Jahren bereits mit Mental- und Entspannungsverfahren angefreundet.

Das Gefühl, ein Opfer von Mobbing zu sein, prägte meine Kindheit und Jugend, und das zog sich wie ein roter Faden bis ins Erwachsenenalter. Und so zog ich mit 21 Jahren von zu Hause aus, um den Menschen, bei denen ich mich ungeliebt fühlte, ein leichteres Leben zu bieten – ohne mich. In erster Linie aber rief meine Seele unerbittlich zu mir: „Mach dich frei, du brauchst nicht deine Mitmenschen befreien, sondern dich, dein Weg ist ein anderer! Geh ihn! ...“

So kam ich 2004 nach Hawaii. Meine erste Flugreise, ich ganz alleine, die kleine Irmi auf sich selbst gestellt. Mit fremden Menschen um mich, die mich aber voller Liebe begleiteten. Und dafür danke ich der lieben Silvia und ihrer Familie für ihr Willkommen-Sein.
Bereits beim Landeanflug – ich hatte noch geschlafen – bemerkte ich beim Aufwachen dieses wundervolle Gefühl, welches ich noch nie so kannte. Von Aloha-Spirit und der Huna-Lehre hatte ich noch nie wirklich etwas gehört, doch bemerkte meine Seele sofort, dass sie „angekommen“ war. Es ließ mich nicht mehr los und so besuchte ich die weiteren Jahre Kurse in Huna, der Lehre von einem glücklichen Leben, und Lomi Lomi Nui u. a. in

Kursen von Dr. Serge Kahili King und Suzan Wiegel sowie persönlichen Unterricht einer ganz wundervollen Dame auf Hawaii. Diese war für mich die absolute Vorzeigelehrerin dieses ehrlichen und authentischen Bewusstseins. Klar, menschlich und undogmatisch. Aber auch viele weitere spirituelle und naturheilkundige Ausbildungen – auch aus der westlichen Welt – wollte ich kennenlernen.

Ich praktizierte intensiv Yoga, machte eine Ausbildung in Geistigem und Schamanischem Heilen, Familienstellen sowie die Heilpraktikerschule, half einer TCM-Ärztin beim Aufbau eines TCM-Zentrums. Doch nichts kam an mein Herz und meine Seele, meinem Seelenheil und meiner Gesundheit so nah wie das Aloha-Bewusstsein, welches ich heute zu integrieren weiß.

2008 bereiste ich nach einem Burn-out und mehreren absoluten Herzens-Vertrauensbrüchen, die sich schon durch mein ganzes junges Leben zogen, für einige Wochen dieses für mich wirklich tiefsinnige Land. Ich ging durch viele Tiefen und es war alles andere als ein toller Strandurlaub einer Single-Lady. Nein, es war harte Arbeit und meine Seele entschied sich, neu zu erwachen. Gestärkt und voller Kraft und Vertrauen in meinem Herzen kam ich nach Hause zurück.

Innerhalb eines Jahres veränderte sich mein komplettes Leben. Ich lernte die Liebe meines Lebens kennen, machte mich selbstständig mit meiner Praxis, zog um und wurde schließlich auch schwanger, obwohl mir Ärzte und Heilpraktiker sagten, dass es sehr schwierig werden würde, schwanger zu werden. Als ich diese Zeilen gerade noch mal durchlese, kommen mir Tränen der Dankbarkeit. Schon als Kind sagte ich mir immer: „Wenn ich mal ein Kind bekomme, soll es nie so alleine sein wie ich. Ich möchte Zwillinge." Und umso leichter fiel es mir, wenn auch unbewusst, an das Unmögliche zu glauben. Jetzt weiß ich mit Gewissheit, dass dieser Spirit als Kind schon in mir war, ich ihn verdrängen musste, um durch Schmerz und Leid Mitgefühl zu entwickeln.

Auch heute, wenn Gedanken der Sorge in mir hochkommen, wenn der Schatten überhandnimmt, hole ich mir ganz bewusst den Aloha-Spirit ins Herz. Themen, für die ich früher meine ganze Kraft und meine Gedanken Tag und Nacht über Monate aufgebracht habe, sind im Nu transformiert und verwandelt.

Ich wünsche auch dir, du wunderbare Herzensseele, die Kraft, die du in dir trägst, als deinen Zauberstab nutzen zu können. Verwandle dein Leben in einen Prozess der Liebe und des Fühlens deiner EIGENEN Wahrheit.

Glaube an dich und an das, was dir DEINE Seele sagt … und vergib.

Aloha von Herzen, deine Irmi

Affirmationen, die zu dir führen

Lass dich berühren...

1
IKE
Die Welt ist das, wofür du sie hältst!

So wie wir die Welt, in der wir leben, sehen, aufnehmen und fühlen, so wird sie sein und so ist sie tatsächlich.

Oder warum ist es für den einen extrem von Bedeutung, welcher Politiker an die Macht kommt, und für den anderen bedeutet es weniger?

Warum kommen wir mit unseren Kollegen super gut aus, aber unser Lieblingskollege hat mit anderen Schwierigkeiten?

Wir identifizieren uns mit der Wahrheit der anderen. Von Freunden, Bekannten, Eltern und Vorgesetzten. Was wir irgendwann mal aufgeschnappt haben, das könnte doch auch für uns so sein. Doch wenn wir in unser Innerstes horchen, werden wir feststellen, dass jeder von uns eine eigene Wahrheit hat. Jeder fühlt und empfindet anders. Die Wahrnehmung von hundert Menschen wird hundertmal verschieden sein. Was für den einen schön ist, ist für den anderen unmöglich anzusehen.

Du kannst dich heute frei entscheiden, ob du in einer Welt leben möchtest, die sich friedlich und lichtvoll anfühlt, mit Mitgefühl und Hilfsbereitschaft gesegnet ist, oder ob du lieber die Welt wählst, welche dir draußen „vorgegaukelt“ wird.

Wenn du dich heute noch für ein schönes Leben in deiner Welt entscheidest, und das hast du bereits, sonst würdest du dieses Buch nicht lesen, dann mach dich jetzt bereit für deine Affirmationen, die dich die Welt so sehen lassen, dass du an echter Freude gewinnst.

Affirmationen zu IKE

**Die Welt ist das,
wofür du sie hältst!**

Mein Leben ist voller Freude und Leichtigkeit. Ich kann alles erreichen, was ich erreichen möchte.

❁

Meine Welt ist leicht, frei, liebevoll und gesegnet.

❁

Ein Leben in allumfassender Liebe ist für mich eine Selbstverständlichkeit.

❁

Ich liebe diese Welt voller Wunder, welche mein Leben immens bereichern.

Ich liebe mein Leben, so wie es ist, und ziehe aus Gutem wie weniger Gutem ein positives Resümee.

Ich spüre die Leichtigkeit und sie spiegelt sich in meinem Leben wider.

In meinem Leben ist Friede und Liebe stets in leuchtendem Vordergrund.

Ich empfinde Mitgefühl und Vergebung für die Welt, die mir nicht in Harmonie und Ordnung erscheint.

Ich spüre dankbar die Fülle, die mich umgibt, und ziehe sie magnetisch in mein Leben.

Die Welt, in der ich lebe, ist ein Spiegel meiner Gedanken. Meine Gedanken formen eine Welt von Harmonie und Wertschätzung.

Alles, was ich im Außen erlebe, ist eine Weiterentwicklung für meine Seele. Dies erkenne ich und nehme ich dankbar an.

Meine sichtbare Realität wird von Tag zu Tag harmonischer, schöner und liebevoller.

Ich bin erfolgreich auf allen Ebenen meines Seins und ich fühle bereits in meinen Zellen, dass etwas Großes im Entstehen ist.

Ich lebe in einer freien Welt. Alle Lebewesen sind respektvoll und wertschätzend zueinander.

IKE – Meine Welt ist so, wie ich sie selbst lebe. In Frieden und Liebe.

2
KALA
Es gibt keine Grenzen!

Weißt du eigentlich, dass du alles schaffen kannst? Sicher hast du das schon mal gehört. Und bestimmt hast du schon vieles in der persönlichen Entwicklung unternommen.

Doch nun bist du erwachsen und nun gibt es keine Grenzen mehr für dein unermessliches Potenzial, welches du selbst in der Hand hast.

Mache dich frei von Blockierungen und Glaubenssätzen, Glaubensmustern und Versagensängsten.

Stell dir vor, wie dein Innerstes ganz langsam aus dir hervorkommt, so, als wenn du eine Zwiebel schälst. Es muss nicht alles von heute auf morgen passieren. Lass dir Zeit. Bleibe stetig dran, deine Ziele umzusetzen.

Ich habe mal von einem Schüler gehört, der sein Gymnasium abgebrochen hat, weil er einfach das tun wollte, was er gerne tat: Malen. Also bewarb er sich auch ohne Abitur an einer Kunsthochschule. Heute referiert er dort sogar und gibt Vernissagen und ist mit seinen Bildern sehr erfolgreich.

Glaube an dich und folge dem Ruf deines Herzens. Er wird dich früher oder später dort hinführen, wo du hingehörst. Bleib dran. Die folgenden Affirmationen werden dir dabei helfen.

Affirmationen zu KALA

Es gibt keine Grenzen!

Alles, was ich erreichen möchte, ist für mich möglich.

Meine Kraft ist grenzenlos und ich weiß meine innere Kraft zu nutzen.

Auch, was mir unmöglich erscheint, kann durch die Kraft meiner Seele möglich werden.

Ich glaube an meine grenzenlose, Seelenkraft, mein Potenzial und meine Möglichkeiten.
Ich erkenne und nutze sie.

Ich bin Schöpfer meiner lichtvollen Realität. Ich speise meine Realität mit kraftvollen Gedanken.

❀

Scheinbar mir selbst auferlegte Grenzen lasse ich mit Leichtigkeit und Dankbarkeit hinter mir.

❀

Ich bin mir im Klaren darüber, dass das Ziel meines Lebens Glück und Freude ist.

❀

Grenzenlose Kraft durchströmt meinen Körper, der sich dadurch selbst mehr und mehr heilen kann

❀

Grenzen wurden von Menschen gemacht. Meine Seele liebt grenzenlos.

Persönlicher Erfolg ist für mich leicht zu erreichen. Was für mich Erfolg ist, ist ganz alleine meine Entscheidung.

Ich genieße ein erfolgreiches Leben. Dadurch kann ich andere fördern und unterstützen.

Ich erhalte von allen Seiten freundliche Unterstützung.

In mir steckt enormes Potenzial, welches ich jederzeit abrufen kann. Ich vertraue meinen Fähigkeiten.

Ich fühle mich mit allen Lebewesen in Einheit verbunden. Meine Liebe zu allen Lebewesen ist grenzenlos.

Selbst wenn es mir oder anderen unmöglich erscheint, weiß meine Seele, wie es möglich werden kann.

KALA – Alles ist möglich.
Ich muss es nur fühlen.

3
MAKIA
Energie folgt der Aufmerksamkeit!

Dort wo du deine Energie, also deine Gedanken, deine Gefühle und deine Worte hinlenkst, das wird sich vermehren.

Ein sehr wichtiges Prinzip, denn wenn du deine täglichen Gedanken einmal beobachtest, wirst du schnell feststellen, dass sie nicht immer positiv sind.

Beobachte deine täglichen Gedanken und das Gefühl dazu, das du hineinbringst. Worüber sprichst du täglich? Redest du mit deinen Mitmenschen über das aktuelle Zeitgeschehen der Welt, über andere Menschen oder über deine Träume und Wünsche?

Wenn du nur über die neuesten Nachrichten sprichst, lebst du vielleicht oder sogar sicher mehr in der Angst als im Vertrauen.

Sprichst du über deine Mitmenschen, ist es vielleicht eine Ablenkung von dir selbst.

Aber wenn du über deine Herzenswünsche sprichst und dich dort hineinfühlst ... ja dann ... bist du bei dir.

Wo hast du das bessere Gefühl? Schließe bitte deine Augen und spüre hin. Es wird vermutlich bei deinen Herzenswünschen sein.

Nach diesem Prinzip kommst du schöner und schneller an dein Ziel, wenn du deine Energie auch dorthin lenkst. Und zwar mit Freude und Neugier auf das, was kommt.

Lass die Angst, was es sonst noch für Auswirkungen haben könnte, vollständig beiseite und konzentriere dich auf das, was du möchtest.

Die folgenden Sätze werden dich dabei unterstützen deine Energie auf das Positive in deinem Leben zu richten.

Affirmationen zu MAKIA

Energie folgt der Aufmerksamkeit!

Durch die Veränderung meiner Gedanken und Taten kann ich die Vergangenheit und die Zukunft positiv verändern.

Das, womit ich mich beschäftige, wird Teil meines Lebens. Ich kontrolliere meine Gedanken.

Ab sofort kreiere ich mir meine eigene Welt mit Gedanken von Friede, Freude und Freiheit.

Ich kann durch die Veränderung meiner Gedanken meine Gesundheit, meinen Wohlstand und mein ganzes Leben in die richtigen Bahnen lenken.

❀

Ich umgebe mich mit Menschen, die mir guttun.

❀

Menschen, die mir das Gefühl von Minderwertigkeit geben, beschenke ich mit Licht und Liebe.

❀

Ich beschäftige mich mit den wirklich schönen Dingen des Lebens: mit mir.

❀

Mein Körper, mein Geist und meine Seele sind vollkommen in Harmonie zueinander.

Es treten nur Menschen in mein Leben, die mich unterstützen, akzeptieren und wertschätzen. Für alle anderen bin ich unsichtbar.

Selbst wenn ich manche Dinge mit meinem Verstand nicht begreifen kann, weiß ich in meinem Innersten, dass sie möglich sind. Wie dies geschieht, überlasse ich meiner göttlichen Kraft.

Ich sehe alle Menschen mit den Augen der Liebe.

Pele – die Vulkangöttin – transformiert all meine negativen Gedanken, die mich an einem Leben im Aloha-Bewusstsein hindern.

Ich bin frei und bereit, schädliche Gedanken durch Gedanken des Aloha-Bewusstseins zu ersetzen.

❀

Ich bin, was ich denke.
Also denke ich Worte der Liebe und Güte.

❀

MAKIA – Meine Gedanken sind mein Leben.

4
MANAWA
Jetzt ist der Augenblick der Kraft!

Wo sind deine Gedanken noch ganz oft? In der Zukunft? Wenn du wieder mal in den sozialen Medien oder in den Nachrichten gelesen oder gehört hast, wie schlimm gerade alles ist, dann lebst du vermutlich mit Ängsten in der Zukunft.

Oder denkst du oft an früher, als alles noch viel schöner war, oder vielleicht an schreckliche und traurige Erlebnisse aus deiner Kindheit?

Trauerst du deiner ersten großen Liebe immer noch nach oder der Freundin, die dich „sitzengelassen hat"? Ja? So war es bei mir auch ganz lange Zeit.

Dann bin ich vor vielen Jahren zu dem Ergebnis gekommen, dass es mich in meiner Entwicklung immens blockiert. Ich fasste den Entschluss, so etwas absolut nicht mehr zu tun, und das fühlt sich richtig genial an. Denn ich kann ganz bewusst meinen Tag verbringen. Ich kann bewusst essen, mit den Kindern spielen, meiner Lieblingsbeschäftigung nachgehen und ich lebe immer mehr im Jetzt. Dadurch verringern sich Zukunftsängste enorm.

Es schwächt dich, wenn du an deine Vergangenheit denkst und vielleicht noch nicht ganz im Frieden bist mit jener Situation. Und erst recht schwächt es dich, wenn du mit Angst in die Zukunft schaust. Hole dir deine innere Kraft, lass deine Kraft wachsen, indem du dich selbst mit den folgenden Affirmationen unterstützt.

Affirmationen zu MANAWA

Jetzt ist der Augenblick der Kraft!

Ich kann nur jetzt präsent sein. Dadurch verändern sich meine Mitmenschen mir Gegenüber zum Positiven.

Die Vergangenheit habe ich dankbar abgeschlossen. Nun kann ich mich auf das Heute konzentrieren. Heute lebe ich mein Leben.

Ich lebe im Hier und Jetzt und bin heute einfach glücklich.

Ich freue mich auf eine fried- und lichtvolle Zeit.

Außer mir selbst sind andere mir gegenüber machtlos.

Ich kann nur jetzt denken. Selbst wenn ich an die Vergangenheit oder Zukunft denke, tue ich das jetzt. Deshalb bin ich mir bewusst, dass alle Gedanken, die ich jetzt denke, Vergangenheit und Zukunft beeinflussen.

Ich bin frei.

Ich bin zu jeder Zeit am richtigen Ort.

Jetzt ist der Augenblick, in dem ich glücklich bin.

Ich kann nur jetzt denken. Deshalb ist es mir unmöglich, in der Vergangenheit oder der Zukunft zu leben. Ich lebe jetzt.

Meine Träume, Hoffnungen und Wünsche erfülle ich mir selbst. Ich beginne jetzt in kleinen Schritten, die mich zum Ziel führen.

Ich darf sein, wie ich bin, mit all meinen Schwächen und Fehlern. Wenn ich sie erkenne und annehme, kann ich sie verwandeln.

Ich kann mich immer mehr auf mich selbst konzentrieren und lerne meine wahren Bedürfnisse kennen.

Ich bin.

Ich bin frei und unabhängig von meiner Vergangenheit.

Ich erschaffe mir jetzt ein Leben voller Freude und Glück.

MANAWA – Ich bin jetzt präsent.

5
ALOHA
Lieben heißt, glücklich sein mit …

Oh, mein Gott! … was war ich doch unglücklich. Ich hatte stets das Gefühl, meine Liebe, meine Hilfsbereitschaft, meine Güte würde nur ausgenutzt werden. Ich gab viel zu viel für jeden. War immer da, wenn man mich brauchte, und es machte mich todunglücklich. Kennst du das?

Ich würde nicht sagen, dass ich unzufrieden war. Aber ich dachte ernsthaft, und so haben wir es alle gelernt, dass ich gewisse Dinge und Menschen brauche, um glücklich zu sein. Allein dieses Denken macht ja schon unglücklich.

Die falsche Vorstellung von Liebe, die wir alle gelernt haben, hatte mich fest im Griff. Jammernd, klagend und unsagbar traurig. Heute benötige ich so wenig und bin so zufrieden mit mir selbst, wie ich es mir hätte niemals vorstellen können.

Aloha bedeutet in erster Linie, sich selbst zu lieben. Sich selbst als das Wichtigste im Leben anzusehen und vor allem auch anzunehmen. Was nicht zu verwechseln ist mit übersteigertem Selbstwert.

Wenn du dich wirklich selbst liebst, dann kannst du alle Menschen so akzeptieren, wie sie sind. Denn jeder Mensch hat seine eigene Geschichte.

Zufrieden zu sein mit dem, was du hast, das ist wahre Eigenliebe.

Grenzen setzen und Nein sagen zu dem, was sich für dich nicht gut anfühlt, kann ich dir nur empfehlen.

Natürlich darfst du Wünsche und Träume haben und sie dir auch erfüllen. Doch beachte, dass du vorher schon zufrieden sein solltest mit dem, was du hast oder eben nicht hast; denn mit diesem Satz „Geld macht nicht glücklich" ist genau das gemeint.

Geld kann glücklich machen, wenn du schon glücklich bist, bevor du es hast.

Genauso verhält es sich mit einem neuen Job oder einem anderen Partner.

Niemals kann dich ein anderer Mensch glücklich machen. Dafür bist du ganz alleine zuständig. Und wenn wir das nicht mit uns selbst klären und für uns heilen, werden wir früher oder später wieder in ähnliche Situationen kommen.

Für die Selbstliebe folgen hier die Sätze zur Unterstützung.

Affirmationen zu ALOHA

Lieben heißt, glücklich sein mit …

Liebevoll behandle ich mich selbst.

Ich lasse nur Worte der Liebe
über meine Lippen und vergebe mir,
wenn ich dies einmal nicht schaffe.

Zufriedenheit durchdringt alle meine
Zellen. Dadurch kommt immer mehr
Glück in mein Leben.

Auch wenn es mir manchmal schwerfällt, so versuche ich allen Menschen
mit Liebe zu begegnen.

Mein Haus ist durchlebt vom liebevollen Willkommensgeist des Aloha-Bewusstseins.

Liebe ist in mir und um mich herum.

Selbst wenn ich mich einmal nicht mag, so bin ich mir sicher, dass in mir die Liebe regiert.

Glücklich sein liegt in meiner Verantwortung. Ich kann es weder von materiellen Dingen noch von anderen Menschen abhängig machen. Dessen bin ich mir voll bewusst.

Ich führe eine liebevolle Beziehung zu mir.
Ich liebe mich.

Hina – die Göttin des Wassers und des Mondes – nimmt all meine Tränen der Verzweiflung und der Trauer und verwandelt sie in Perlen der Liebe und der Lebensfreude.

Die wahre Liebe finde ich in mir.

Ich versuche alle Menschen, so wie sie sind, zu akzeptieren. Dadurch fühle ich immer mehr Selbstliebe.

Ich darf Schatten zulassen.
Er zeigt mir den Weg zur Selbstliebe.

Ich sende Gedanken der bedingungslosen Liebe in die Welt.

Ich gebe – ohne Erwartung, etwas zurückzubekommen.

Ich bin mit mir selbst geduldig und gebe mir Zeit. Mein Leben ist unendlich.

Ich darf freundlich und bestimmt gesunde Grenzen setzen und Nein sagen. Es ist der erste Schritt zur inneren Freiheit.

ALOHA – wo ich auch bin, versuche ich, die Schwingung von Aloha zu verbreiten.

6
MANA
Alle Kraft kommt von innen!

In dir, ja in jedem von uns steckt eine grenzenlose und unbändige Kraft. Eine Kraft, die wir, wenn wir unsere Glaubenssätze loslassen, immer mehr erblühen lassen können. So wie eine Rosenknospe langsam und immer weiter aufblüht, so kannst auch du dein Potenzial immer mehr erblühen lassen.

Mach dich nicht abhängig von der Meinung anderer. Auch oder schon gar nicht jener, die sich selbst als „erleuchtet oder besser" bezeichnen. Verwirf sie aber bitte auch nicht. Gehe in dich und finde deinen eigenen Weg und versuche zu lernen, deine Kraft, dein Potenzial aus dir hervorzuholen.

Du kannst dich inspirieren lassen, doch entscheide selbst, was für dich richtig ist bzw. lass dein Herzgefühl entscheiden. Und überprüfe immer deinen Verstand, ob er dir nicht doch einen Streich spielen möchte. Das ist nämlich genau sein Job.

Richte deine Aufmerksamkeit ganz auf deine Stabilität. Verbinde dich mit der Erde und stelle dich mit beiden Fußsohlen am besten barfuß auf den Erdboden.

Stelle dir vor, wie du richtig einwächst, wie Wurzeln wachsen und dich stabilisieren. Spüre, wie deine innere Kraft durch deinen ganzen Körper wandert und sich durch deinen Scheitel zum Universum hin ausbreitet. Lass dir Wurzeln und Fühler wachsen, um dich täglich mit Segen und Kraft zu versorgen.

Für die Unterstützung deiner inneren Kraft helfen dir hier diese Sätze.

Affirmationen zu MANA

Alle Kraft kommt von innen!

Ich entscheide mich, meine eigene innere Kraft zu aktivieren und mein Potenzial zu nutzen.

Heil- und Edelsteine, Essenzen und dergleichen sind wunderbare Hilfsmittel. Jedoch habe ich selbst die Macht über mich, welche ich auch ohne Hilfsmittel zu aktivieren und zu nutzen weiß. Meine Kraft kann ich unabhängig von anderen Dingen aktivieren.

Kraftvoll gehe ich den Weg des geringsten Widerstandes.

Ich schöpfe aus der Kraft, die in mir wohnt. Alles, was mir im Außen begegnet, ist ein Spiegel meiner Seele.

❀

In meinem Innersten befindet sich eine Quelle, aus der ich schöpfen kann.

❀

Meine Quelle weiß Rat in allen Lebenslagen.
Ich kann sie jederzeit befragen.

❀

Ich befrage immer zuerst mein Innerstes, wenn ich Hilfe oder Rat benötige.

❀

Ich bin ein Kind Gottes. Es ist mein Recht, meine Göttlichkeit zeigen zu dürfen.

Alles, was Eltern, Geschwister, Freunde und Vorgesetzte je über mich gesagt und behauptet haben, ist nur deren Meinung und ein Spiegelbild derer. Ich selbst habe enormes Potenzial in mir, mein Leben erfolgreich zu gestalten.

Mein tiefstes inneres Wissen weiß am besten, was gut für mich ist. Ich darf meinem Herzgefühl vertrauen.

Ich aktiviere meine Kraft schon jeden Morgen, bevor ich aufstehe, indem ich tief durchatme und mit guten Gedanken der Dankbarkeit in den Morgen starte.

Ich lerne aus meinen Rückschlägen. Sie treiben mich voran. Ich mache weiter.

Ich bin mein eigener Schutz vor anderen Menschen. Durch die Bewusstwerdung meiner eigenen Kraft entziehe ich anderen die Macht über mich.

Ich fühle mich überall –
wo ich auch bin – willkommen.

Ich habe die Kraft, mein Leben so zu gestalten, wie es meinen Vorstellungen entspricht.

MANA – Meine innere Kraft kann ich jederzeit aktivieren.

7
PONO
Wirksamkeit ist das Maß der Wahrheit!

Alles, was dir hilft, ist richtig. Wenn es dich weiterbringt in deiner Entwicklung, deiner Gesundheit und deiner Zufriedenheit, dann ist genau dies das Richtige, was du gerade tust.

Viele Menschen halten die eigene Methode, die eigene Meinung für das Richtigste und das Wichtigste. Klar, es hat ihnen offensichtlich geholfen. Und es ist wichtig, hinter seinen Dingen zu stehen. Doch lass dich nicht binden.

Entscheide aus deinem Herzen und deinem Bauchgefühl heraus, was dir guttut. Das kann heute dies sein, aber morgen schon etwas ganz anderes. Du darfst täglich deine Meinung ändern. Gehe in die Stille und spüre.

In einem meiner Huna-Seminare haben wir gelernt: „Wenn es sich richtig anfühlt, ist es richtig." Und so empfinde ich das auch.

Hole dir Rat von mehreren Personen. Am besten jedoch von unabhängigen Menschen. Nicht von Freunden, Bekannten oder sogar dem Chef. Sie sind zu involviert in dein Leben und oft nicht neutral und bringen somit ihr eigenes Denken über dich mit hinein.

Doch sei nie enttäuscht von dir, denn manchmal kann es aussehen, als wäre es die falsche Entscheidung, die sich meiner Meinung nach immer im Nachhinein als richtig erweist. Und sei es eine gute Erkenntnis, die daraus erwächst.

Es ist schon richtig, so wie es ist, wenn es sich gut anfühlt.

Viele wollen jemanden an sich binden. Viele brauchen das so, wie es die Werbung macht. Sie lässt die Menschen glauben, dass wir alles brauchen, was es gibt. Ich selbst hole mir gerne Rat von echten Profis. Es sind jene, die echt und authentisch sind und keine Maske auflegen. Du wirst sie immer mehr erkennen.

Die folgenden Affirmationen helfen dir dabei.

Affirmationen zu PONO

Wirksamkeit ist das Maß der Wahrheit!

Harmonie umgibt mich im Innen wie im Außen.

Egal welche Hilfsmittel mir helfen, alles, was wirklich hilft, um gesund zu sein und in Freude und Liebe zu leben, ist richtig für mich.

Wenn ich meine negativen Gedanken und Aussagen bewusst kontrolliere und diese in freudige verwandle, wirkt sich das positiv auf mein Leben aus.

Jeder kann einen Beitrag zum Frieden in der Welt leisten. Wenn ich mit mir selbst anfange, wirkt sich das auf die große weite Welt aus.

❀

Immer, wenn ich mir selbst etwas Gutes tue, trägt das zum großen Ganzen der Welt bei. Wenn ich mich selbst befreie, befreie ich die gesamte Erde.

❀

Alles, was mir hilft und mich zufrieden macht, ist in meinem Leben erlaubt.

❀

Das, was ich wissen muss und wichtig für mich ist, kommt im rechten Augenblick zu mir.

Wer heilt, hat immer recht, wie auch immer dies geschieht, liegt nicht in meinen Händen.

Ich kann alle Menschen so lassen, wie sie sind, denn für jeden Menschen ist etwas anderes richtig.

Mein Körper, mein Geist und meine Seele harmonieren immer mehr miteinander.

Ich speise mich mit Gedanken der Harmonie und Wertschätzung.

Ich gebe meinem Körper gesunde und ausgewogene Nahrung.

Ich lasse alles los, was mir nicht guttut, und erkläre hiermit den Weg in ein freies Leben.

Harmonie durchströmt jede meiner Zellen, jede Sekunde meines Lebens.

Ich bin bereit für ein Leben in Harmonie und Ordnung.

PONO – Was für mich richtig ist, spüre ich selbst mit der Kraft meines Herzens.

Nachwort

Wenn ich eines zu der ganzen spirituellen Wahrheit sagen kann, dann ist es, dass wir alle gleichwertig sind.

Jeder Mensch hat gleich viel Potenzial in sich.

Deine Einweihung findest du in deinem Herzen. Die kann dir niemand sonst geben. Gehe deshalb regelmäßig in dich und mit jedem Mal wirst du Stück für Stück deiner Seele näherkommen.

Jedes Mal wird es ein kleines Stück deiner ganz persönlichen Einweihung sein, die nur du für dich machen kannst. Du brauchst auch keine Marke und musst nicht mit der Masse schwimmen.

Erfolgreich zu sein heißt für mich, seinem Herzensweg zu folgen. Das hier Geschriebene ist meine ganz persönliche Wahrheit. So wie ich es empfunden habe und empfinde. Beteiligte Mitmenschen können eine ganz andere Wahrheit haben und auch du sollst deine ganz eigene Wahrheit finden. Das ist meins, das habe ich entdeckt, das habe ich erfunden, ich war als Erstes da ... Bemerkst du das ICH? EGO – ICH. Aber näher auf das Ego einzugehen, dafür empfehle ich dir das Buch meines wundervollen Partners: „Nutze die Kraft der Matrix und handle JETZT“, dessen Info du im Anhang findest.

Wir alle haben uns schon von Menschen manipulieren lassen, meist geschieht das ganz unbewusst. Gerade empathische und hochsensible Menschen. Wenn du dich aber aus der Opferrolle begibst, kann in dir enormes Potenzial freigesetzt werden.

Auch ich habe mich sehr oft kleingemacht, fast aufgegeben, weil ich andere über mich gestellt habe. Ihnen habe ich somit Macht gegeben und mein eigenes Potenzial unter den Scheffel gestellt.

Vergleiche dich nie mit anderen. Der kann dies besser, der jenes, der ist schlanker, hübscher, schöner, der hat es gelernt, ich nicht ... so viele Dinge und ich kenne sie alle.

Diese Gefühle dürfen da sein, lass sie zu und du wirst sehen, es wird Engel in deinem Leben geben, die genau erkennen, welches Potenzial in dir steckt. Sie machen dir Mut. Diese Engel darfst du annehmen. Dann kannst auch du ein Engel für andere sein.

Das Wichtigste ist, dass wir nicht aufgeben. Dass wir immer wieder weiter fühlen, aufstehen und weitergehen. Es kann immer jemanden geben, der besser, schöner oder reicher ist. Also wozu in Widerstand gehen?

Was du zu geben hast, kann sonst keiner geben. Selbst wenn es Umwege sind. Diese Umwege machen uns reich an Erfahrung und Mitgefühl. Und wir können daraus enorme Kraft schöpfen. Die Kraft, die du in dir trägst (siehe auch das Prinzip MANA). Du brauchst niemanden, der dir die Hand auflegt und dich ermächtigt, damit du deine Kraft freisetzen kannst oder eine bestimmte Technik anwenden darfst. Wenn es dich stärker macht, dann ist es in Ordnung. Aber glaube mir, wenn du dir selbst bewusst bist, dann schaffst du das ganz alleine. Dann bist du dir deiner Kraft, deines Potenzials sicher.

Ich glaube fest an dich! Wenn ich das alles geschafft habe, dann schaffst du das auch. Du musst nicht perfekt sein und schon gar nicht anderen gefallen.

Sei authentisch, ehrlich und liebevoll zu dir selbst.

Das Wichtigste für mich ist, echt und witzig und spritzig zu sein. Das beste Beispiel ist der Dalai Lama. Er ist spritzig und witzig. Er sprüht vor Authentizität und Freude.

Du selbst kannst und darfst entscheiden. Sieh dich stets als Spiegelbild deines Gegenübers und frage dich: Was in ihm ist in mir, das ein negatives Gefühl jetzt in mir auslöst?

Setze Grenzen ganz bewusst und du wirst anders behandelt werden. Vermutlich werden deine Mitmenschen erst einmal verdutzt schauen. Manche werden sich von dir abwenden und es wird vielleicht erst einmal innerlich schmerzvoll sein. Doch du brauchst dich nicht, nur weil du liebevoll sein willst und dich für Mitgefühl entschieden hast, wie einen Fußabtreter behandeln lassen. Dein

Umfeld wird es verwundern und auch dein Ego wird sich erstmal wehren.

Auf der anderen Seite können wir unendlich dankbar für jene Menschen sein, die einem gerade dann den Rücken stärken und einfach für uns da sind, wenn wir sie brauchen. Und die wird es immer geben, auch für dich, selbst wenn du sie noch nicht kennst.

Es ist nicht wichtig, ob du etwas über Huna oder über irgendeine Technik weißt. Mit diesem Buch möchte ich dir ganz einfach nur das Fühlen zu dir selbst näherbringen.

Die ersten Jahre studierte ich förmlich die Huna-Lehre, die hawaiianische Sprache und wollte alles ganz genau wissen. Dies war jedoch meine damalige persönliche Verbindung zu Hawaii. Vieles davon habe ich tatsächlich auch wieder im hintersten Teil meines Gehirns gelassen.

Im Laufe der Jahre habe ich jedoch bemerkt, dass wir das Aloha-Bewusstsein auch ohne dieses umfassende Hintergrundwissen dieser wunderbaren Lehre erlangen können.

Du brauchst es auch nicht das „Aloha-Bewusstsein“ nennen. Denn niemand hat es erfunden. Es war immer schon da.

Du kannst es auch den (setze deinen Namen ein)-Spirit nennen. Lass dich einfach berühren …

Quellenverzeichnis

Sieben hawaiianische Prinzipien und ihre entsprechenden Leitsätze nach Dr. Serge Kahili King Serge Kahili King – der Stadtschamane, ein Handbuch zur Transformation durch Huna, das Urwissen der hawaiianischen Schamanen – Lüchow, 1991

Erklärungen:
Huna: uralte Lehre Polynesiens, sein Leben selbst zu gestalten, wiederentdeckt von Max Freedom Long und so der westlichen Welt zugänglich gemacht.

Aloha: Schwingung der unendlichen göttlichen Freude und Liebe, Gruß der Hawaiianer

Die Affirmationen stammen aus meiner innersten Quelle. Ich könnte noch ewig Affirmationen aus meinem Herzen niederschreiben. Doch ganz bewusst soll es ein Buch sein, das dein Begleiter werden kann.
Viele Menschen sprechen bereits die Sprache der Liebe und des Aloha-Bewusstseins. Sollten sich deshalb gleiche Affirmationen und Sätze wiederfinden, so bitte ich, dies zu entschuldigen und mich zu informieren. Selbstverständlich wird dies in der nächsten Auflage berücksichtigt

	Isha Judd **Die Intelligenz der Liebe** Was die Liebe behindert – Was sie entfesselt – Wie sie das Leben tief verwandelt 199 Seiten, € 18,50 ISBN 978-3-941435-24-7
	Dougan Elgin **Das Lebende Universum** Wer sind wir? Wo stehen wir? Wohin gehen wir? 235 Seiten, € 18,50 ISBN 978-3-941435-04-9
	Stephan Lang **Nutze die Kraft der Matrix und handle JETZT** Warum genau jetzt der richtige Zeitpunkt ist, grundlos glücklich, erfolgreich und gesund zu sein Lang Verlag TB, 167 Seiten, € 17,95 ISBN 978-3-9817769-0-4